AF220835

Impressum
Verlag: BABADADA GmbH, Nedderfeld 112 , 22529 Hamburg
Geschäftsführer / Verlagsleitung: Harald Hof
Druck: Books on Demand GmbH, In de Tarpen 42, 22848 Norderstedt

Imprint
Publisher: BABADADA GmbH, Nedderfeld 112 , 22529 Hamburg, Germany
Managing Director / Publishing direction: Harald Hof
Print: Books on Demand GmbH, In de Tarpen 42, 22848 Norderstedt, Germany

dugsi

ysgol

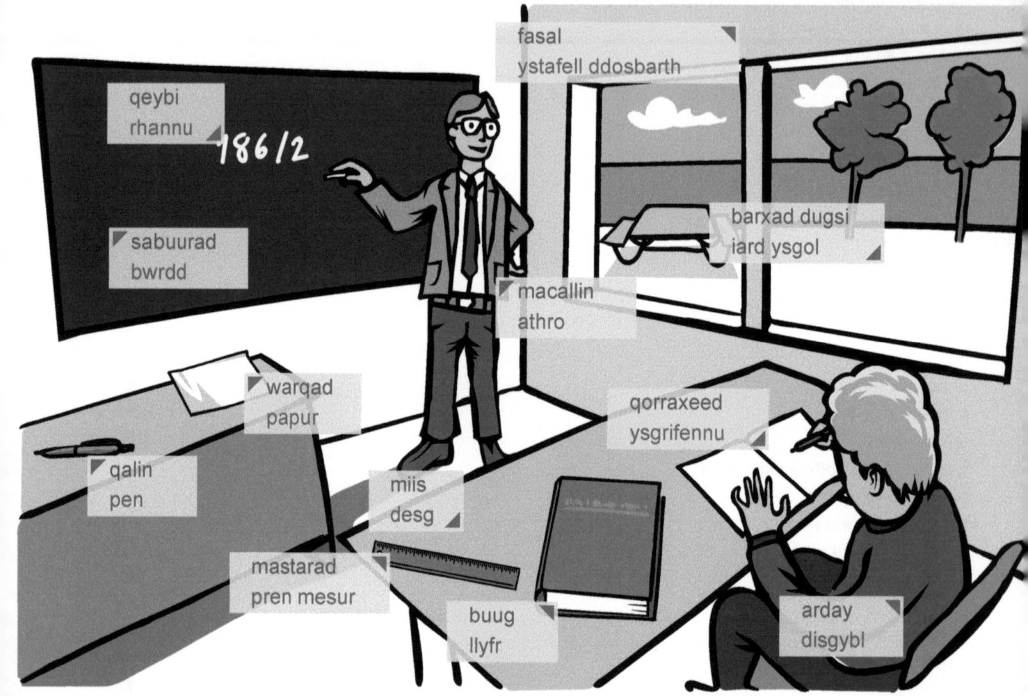
fasal
ystafell ddosbarth
qeybi
rhannu
186/2
sabuurad
bwrdd
barxad dugsi
iard ysgol
macallin
athro
warqad
papur
qorraxeed
ysgrifennu
qalin
pen
miis
desg
mastarad
pren mesur
buug
llyfr
arday
disgybl

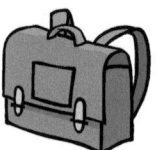

boorso
bag ysgol

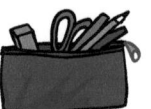

kiis qalin-qori
blwch penseli

qalin-qori
pensil

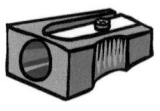

koobka qalin qor
peth rhoi min ar bensil

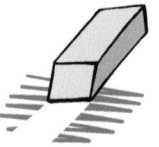

titirre
rwber

buugga sawirka
pad arlunio

sawirid

llun

burushka midabaynta

brws paent

gasaca midabaynta

blwch paent

maqasyo

siswrn

koollo

glud

buug qoraal

llyfr ysgrifennu

shaqo-guri

gwaith cartref

lambar

rhif

ku dar

ychwanegu

ka jar

tynnu

ku dhufo

lluosi

xisaabi

cyfrifo

warqad

llythyren

alifbeeto

gwyddor

erey

gair

qoraal

testun

akhri

darllen

jeesto

sialc

cahsar

gwers

diiwaan

cofrestr

imtixaan

arholiad

shahaado

tystysgrif

direes dugsi

gwisg ysgol

waxbarasho

addysg

diwaan mowduuceed

gwyddoniadur

jaamacad

prifysgol

mayskariskoob

microsgop

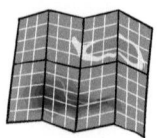

khariidad

map

haan qashin-gur

basged papur gwastraff

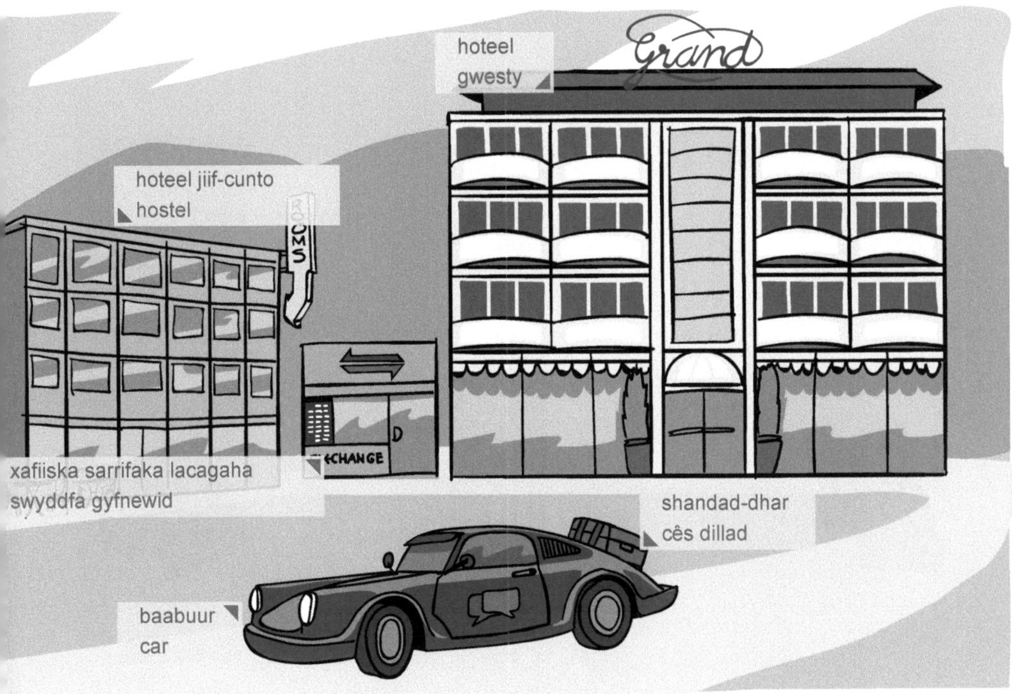

Grand
hoteel
gwesty
hoteel jiif-cunto
hostel
ROOMS
xafiiska sarrifaka lacagaha
swyddfa gyfnewid
shandad-dhar
cês dillad
baabuur
car

luuqad

iaith

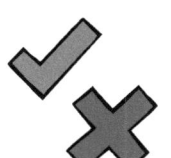

haa / maya

ie / na

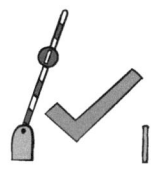

Hagaag

iawn

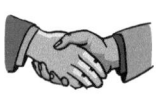

nabad miyaa

helo

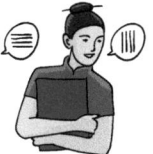

turjumaan

cyfieithydd

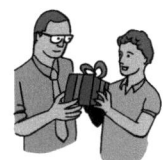

Waad mahadsan tahay

Diolch yn fawr

waa immisa...?

faint yw ...?

ma aanan fahamin

Dw i ddim yn deall

dhibaato

problem

galab wanaagsan!

Noswaith dda!

subax wanaagsan!

Bore da!

habeen wanaagsan!

Nos da!

nabad gelyo

hwyl

jiho

cyfarwyddyd

alaabo

bagiau

boorso

bag

boorso-dhabar

gwarbac

marti

gwestai

qol

ystafell

katiifad

sach gysgu

teendho

pabell

xog dalxiis
gwybodaeth i ymwelwyr

xeebta
traeth

kaar amaah
cerdyn credyd

quraac
brecwast

qado
cinio

casho
swper

rasiid
tocyn

wiish
lifft

tiimbare
stamp

xuduud
ffin

qeybta-canshuur-bixinta
tollau

safaarad
llysgenhadaeth

dal ku gal
fisa

baasaboor
pasbort

gaadiid

cludiant

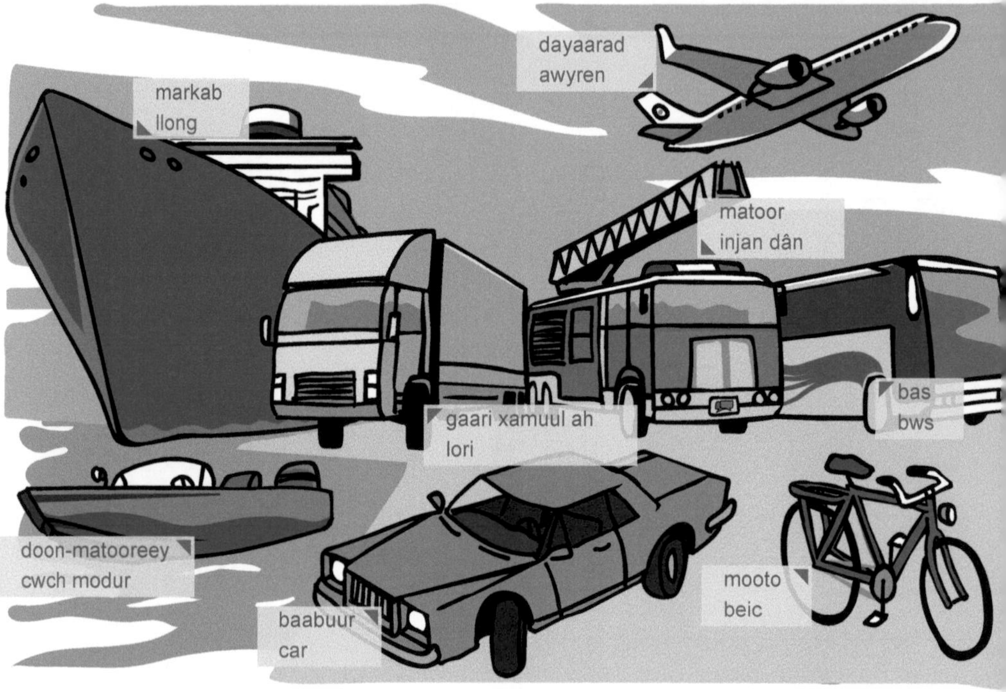

dayaarad
awyren
markab
llong
matoor
injan dân
bas
bws
gaari xamuul ah
lori
doon-matooreey
cwch modur
mooto
beic
baabuur
car

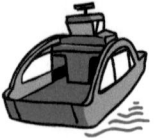

doon

fferi

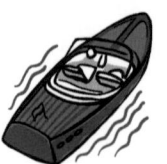

doonnida

cwch

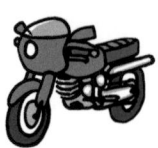

mooto

beic modur

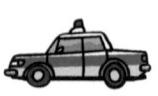

baabuur booliis

car yr heddlu

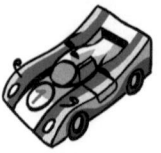

baabuur baratan

car rasio

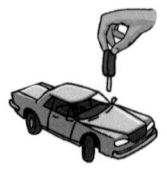

baabuur la-kiraysto

car wedi'i rentu

gaadiid-wadaag

rhannu car

wiishle

lori tynnu

gaari qashin-gure

lori ysbwriel

matoor

modur

shidaal

tanwydd

ajib

gorsaf betrol

calaamad taraafiko

arwydd traffig

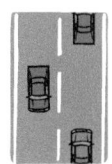

taraafiko

traffig

jaam baabuur

tagfa draffig

baarkin-baabuur

maes parcio

boosteejo tareen

gorsaf drennau

waddo-tareen

traciau

tareen

trên

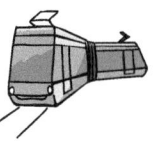

taraam

tram

gaari faras

wagen

helikobtar

hofrennydd

garoonka dayuuradaha

maes awyr

manaarad

tŵr

rakaab

teithiwr

weel

cynhwysydd

kartoon

paced

gaari faras

cert

dambiil

basged

kicid / degis

esgyn / glanio

magaalo
dinas

tuulo

pentref

faras magaale

canol y ddinas

guri

tŷ

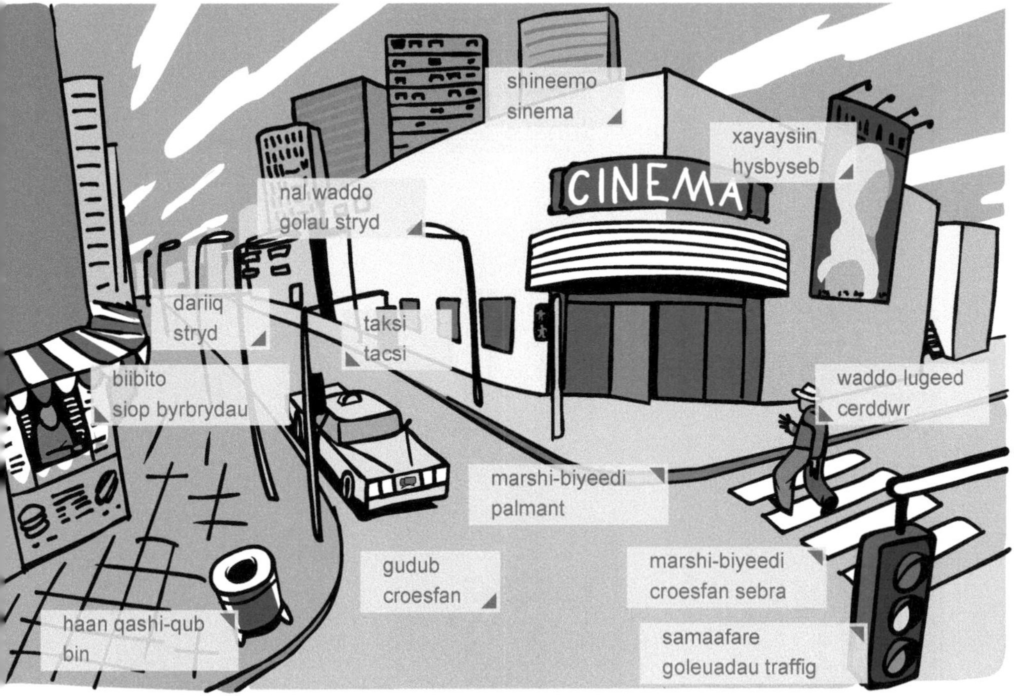

shineemo
sinema

xayaysiin
hysbyseb

nal waddo
golau stryd

CINEMA

dariiq
stryd

taksi
tacsi

biibito
siop byrbrydau

waddo lugeed
cerddwr

marshi-biyeedi
palmant

gudub
croesfan

marshi-biyeedi
croesfan sebra

haan qashi-qub
bin

samaafare
goleuadau traffig

mundul
cwt

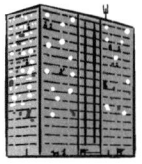

dabaq
fflat

boosteejo tareen
gorsaf drennau

xarunta dowladda-hoose
neuadd y dref

matxaf
amgueddfa

dugsi
ysgol

jaamacad

prifysgol

bangi

banc

isbitaal

ysbyty

hoteel

gwesty

farmasi

fferyllfa

xafiis

swyddfa

buug shoob

siop lyfrau

dukaan

siop

dukaan ubax

siop flodau

carwo

archfarchnad

suuq

farchnad

suuq weyne

siop adrannol

kalluun-iibshe

siop bysgod

suuq

canolfan siopa

furdo

harbwr

jardiino

parc

kursi

banc

buundo

pont

jaraanjaro

grisiau

waddo-tareen-hoosaad

rheilffordd danddaearol

waddo-dhul hoose

twnnel

boosteejo

safle bws

baar

bar

makhaayad

bwyty

sanduuq boosto

blwch post

calaamad waddo

arwydd stryd

joogid-cabbire

mesurydd parcio

beer-xayawaan

sŵ

barkad dabbaalasho

pwll nofio

masaajid

mosg

beer
fferm

naqas
llygredd

qabuuro
mynwent

kaniisad
eglwys

garoon
maes chwarae

macbad
teml

muqaal-dhireed
tirwedd

caleen
deilen

calaamad-waddo
arwydd cyfeirio

waddo
ffordd

seere
dôl

dhagax
carreg

buur korre
heiciwr

geed
coeden

webi
afon

caws
glaswellt

ubax
blodyn

dooxo
cwm

buur
bryn

laag
llyn

kayn
coedwig

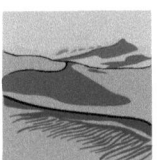

saxare
anialwch

foolkaano
llosgfynydd

qasri
castell

qaanso-roobaad
enfys

barkin-waraabe
madarchen

geed timireed
palmwydden

kaneeco
mosgito

duqsi
pryf

qoraanjo
morgrugyn

shinni
gwenyn

caaro
pryf copyn

dameer-duudeey

chwilen

rah

llyffant

dabagaalle

gwiwer

kashiito

draenog

dabagaalle

ysgyfarnog

guumeys

tylluan

shimbir

aderyn

boolo-boolo

alarch

doofaar-jilibeey

baedd

deero

carw

faras-duur

elc

biyo-xireen

argae

tamar-dhaliye

tyrbin gwynt

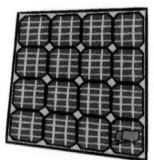

soollar

panel haul

cimilo

hinsawdd

makhaayad
bwyty

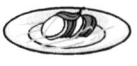

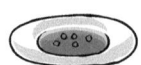

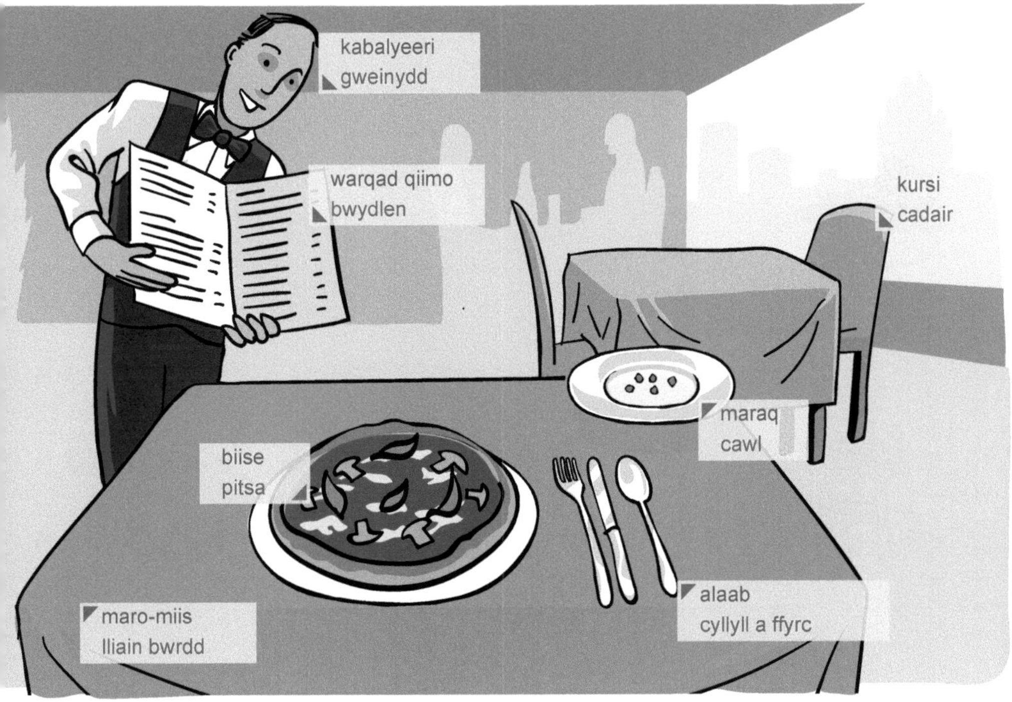
kabalyeeri
gweinydd
warqad qiimo
bwydlen
kursi
cadair
maraq
cawl
biise
pitsa
alaab
cyllyll a ffyrc
maro-miis
lliain bwrdd

af-billow
....
cwrs cyntaf

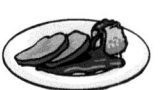

cunto bariimo
....
prif gwrs

macmacaan
....
pwdin

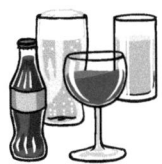

cabitaan
....
diodydd

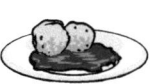

cunto
....
bwyd

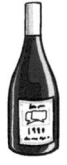

dhalo
....
potel

cunto diyaarsan

bwyd cyflym

cunto-waddo

bwyd y stryd

jalmad shaah

tebot

weelka sonkorta

powlen siwgr

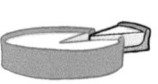

qayb

dogn

mashiinka isbareesada

peiriant espresso

kursi dheer

cadair plentyn

biil

bil

tereey

hambwrdd

mindi

cyllell

fargeeto

fforc

qaaddo

llwy

malqacad-shaah

llwy de

shukumaan miis

napcyn

galaas

gwydr

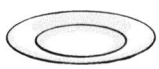

saxan
plât

saxanka maraqa
plât cawl

saxan
soser

suugo
saws

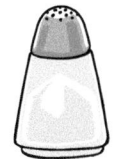

weelka cusbada
pot halen

basbaas shiide
melin bupur

fixiye
finegr

saliid
olew

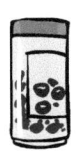

dhandhanaan
sbeisys

suugo
saws coch

mastaard
mwstard

mayoonees
mayonnaise

carwo
archfarchnad

qiima dhimis qaas ah
cynnig arbennig
macmiil
cwsmer
caano
cynnyrch llaeth
FOR
miro
ffrwythau
gaariga adeega
troli

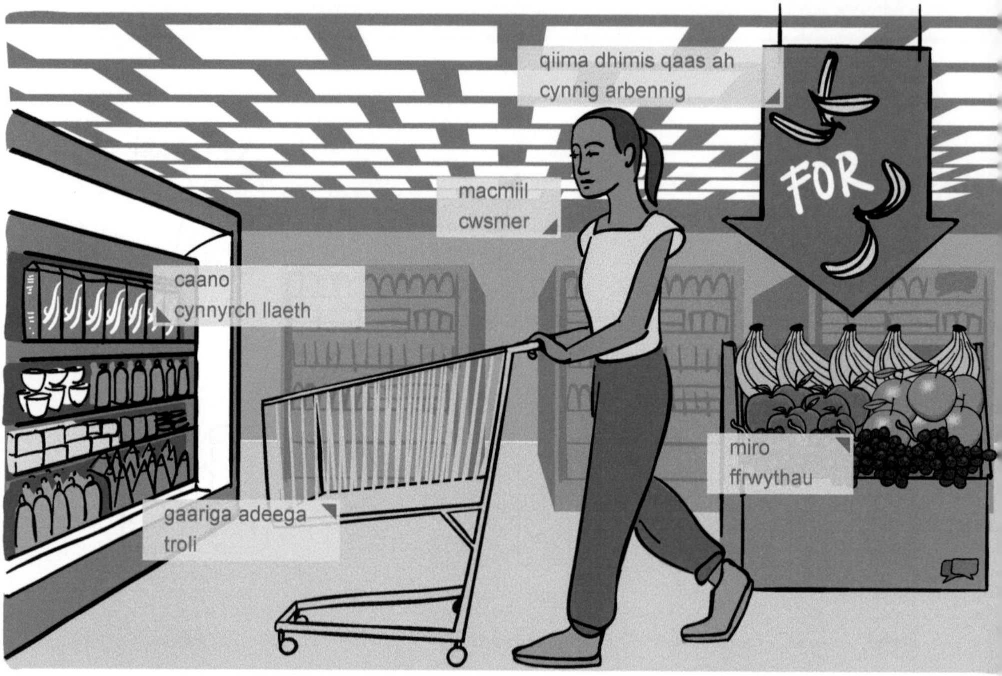

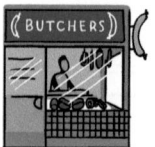

BUTCHERS

kawaan
siop gig

BAKERY

foorno
siop fara

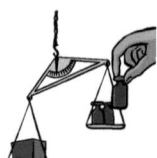

cabbir
pwyso

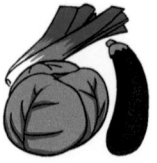

khudaar
llysiau

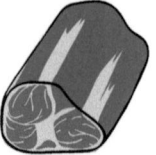

hilib
cig

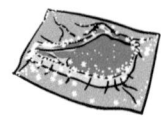

cunto la qaboojiyay
Bwyd wedi'i rewi

hilibka qadada

cig oer

cunto gasacadeysan

bwyd tun

oomo

powdr golchi

macmacaan

da-da

alaabada guri

cynnyrch cartref

alaabo nadaafad

cynhyrchion glanhau

iibshe

gwerthwraig

diiwaan lacagta

til

qasnaji

ariannwr

liis adeeg

rhestr siopa

saacadaha shaqo

oriau agor

shandada jeebka

waled

kaar amaah

cerdyn credyd

bac

bag

bac

bag plastig

biyo

dŵr

casiir

sudd

caano

llefrith

kooka-kola

côc

khamri

gwin

biir

cwrw

khamri

alcohol

kooke

coco

shaah

te

kafee

coffi

isberesso

espresso

koobishiin

cappuccino

muus

ffrwchledd

tufaax

afal

liin-bambeelmo

oren

qare

melon

liin

lemwn

karooto

moronen

toon

garlleg

baambuu

bambŵ

basal

nionyn

barkin-waraabe

madarchen

loos

cnau

baasto

nwdls

baasto	bariis	salar
sbageti	reis	salad

jibsi	baradho shiilan	biise
sglodion	tatws wedi'u ffrïo	pitsa

haambeegar	saanwij	hilib-jiir
hambyrger	brechdan	cytled

hilib-doofaar	salami	sooseej
ham	salami	selsig

hilib-digaag	duban	kalluun
cyw iâr	rhost	pysgodyn

sareenta mashaarida
ceirch uwd

quraac isku-dhafan
miwsli

daango
creision ŷd

bur
blawd

nooc rooti ah
croissant

rooti
bynsen

rooti
bara

rooti-la-kulluleeyey
tost

buskud
bisgedi

subag
menyn

hanti
ceuled

doolsho
teisen

ukun
wy

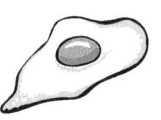

ukun shiilan
wy wedi'i ffrïo

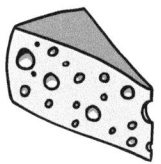

burcad
caws

jalaato

hufen iâ

sonkor

siwgr

malab

mêl

malmalaado

jam

labeen macmacaan

siocled taenu

suugo

cyri

beer

fferm

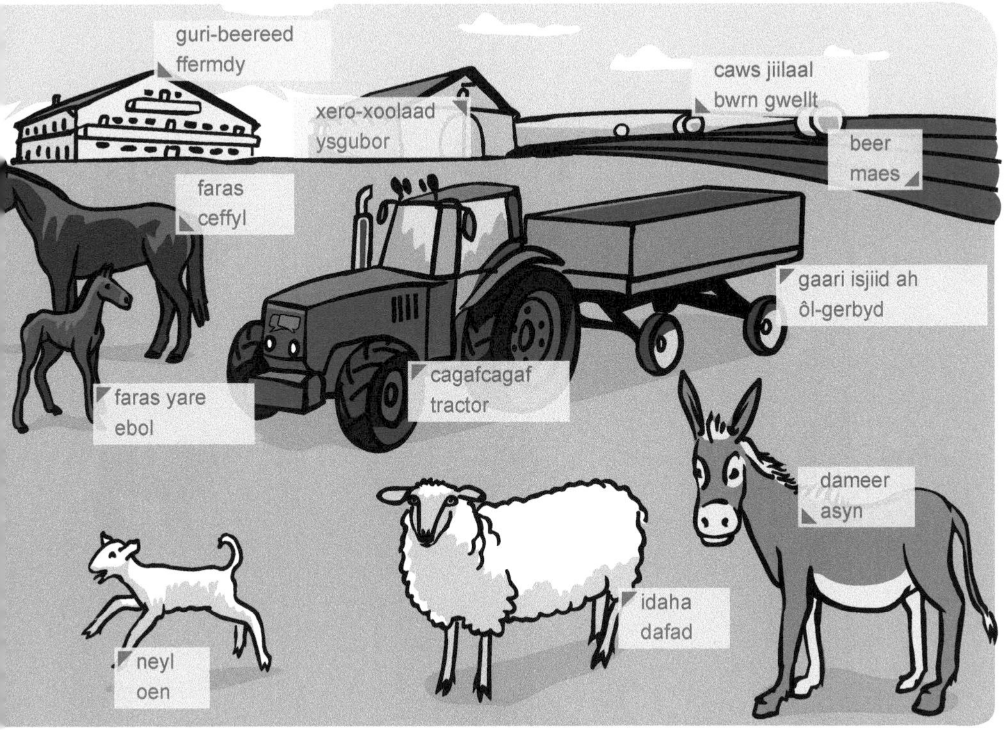
guri-beereed
ffermdy
xero-xoolaad
ysgubor
caws jiilaal
bwrn gwellt
beer
maes
faras
ceffyl
gaari isjiid ah
ôl-gerbyd
cagafcagaf
tractor
faras yare
ebol
dameer
asyn
idaha
dafad
neyl
oen

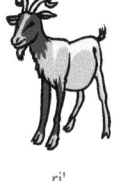

ri'

gafr

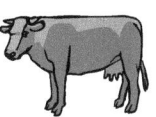

sac

buwch

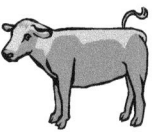

weyl

llo

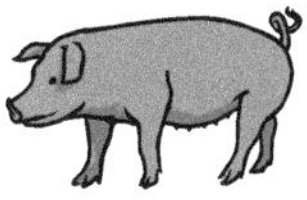

doofaar

mochyn

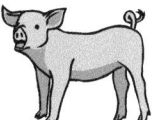

dhal doofaar

porchell

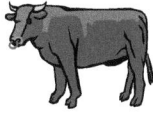

dibi

tarw

bawaato lab

gwydd

bawaato

hwyaden

jiijiile

cyw

digaag

iâr

diiq

ceiliog

doolli

llygoden fawr

bisad

cath

jiir

llygoden

dibi

ych

eey

ci

hoyga eeyga

cwt ci

tuubbo waraab

pibell ddŵr

sakeelka waraabinta

can dŵr

gudin

pladur

carro-roge

aradr

gudin

cryman

yaambo

fforch chwynu

fargeeto caws-beereed

picwarch

faas

bwyell

gaari -gacan

berfa

dar

cafn

dhalada caanaha

tun llefrith

jawaan

sach

deer

ffens

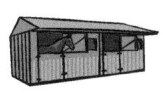

xero xooleed

stabl

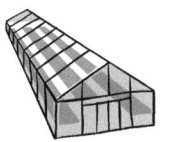

gur-biqlin-dhireed

tŷ gwydr

ciidda

pridd

abuuka

hedyn

bacrimiye

gwrtaith

cagafta beer-goynta

dyrnwr medi

beer-goyn

cynaeafu

beer-gooyn

cynhaeaf

moxog

iamau

sarreen

gwenith

soya

soi

baradho

tysen

galley

grawn

geed-saliideed

had rêp

geed mirood

coeden ffrwythau

moxog

manioc

firiley

grawnfwydydd

qiiq saar
simnai

saqaf
to

majaroor
peipen law

daaqad
ffenestr

garaash
garej

gambaleel
cloch y drws

irrid
drws

haan qashin
bin sbwriel

sanduuq boosto
blwch post

beer
gardd

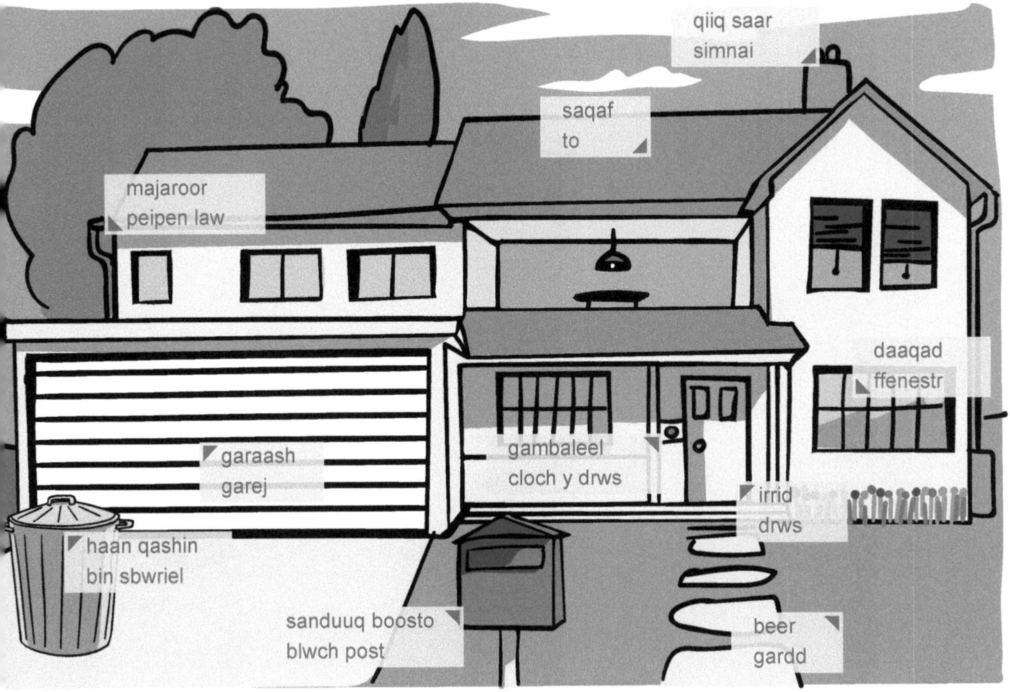

qol jiib
lolfa

musqul-qubeys
ystafell ymolchi

jiko
cegin

qolka jiifka
ystafell wely

qolka ilmaha
ystafell plentyn

qolka cuntada
ystafell fwyta

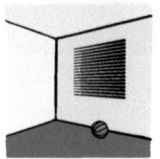

sagxad

llawr

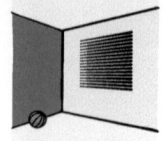

derbi

wal

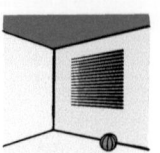

saqaf

nenfwd

makhaasiin

seler

soona

sawna

balakoon

balconi

daarad

teras

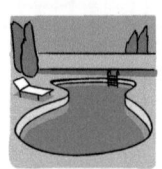

barkad

pwll

caws-jare

peiriant torri gwair

buste

taflen

go'

gorchudd gwely

sariir

gwely

xaaqin

ysgub

baaldi

bwced

daare-damiye

swits

qol jiib
lolfa

sharaaxd-derbi
papur wal
sawir
llun
feynuus
lamp
qaanad
silff
armaajo
cwpwrdd
telefiishan
teledu
dab-shid
lle tân
ubax
blodyn
barkin
clustog
fadhi-carbeed
soffa
dheri-ubax
fâs
rimuud
rheolydd o bell

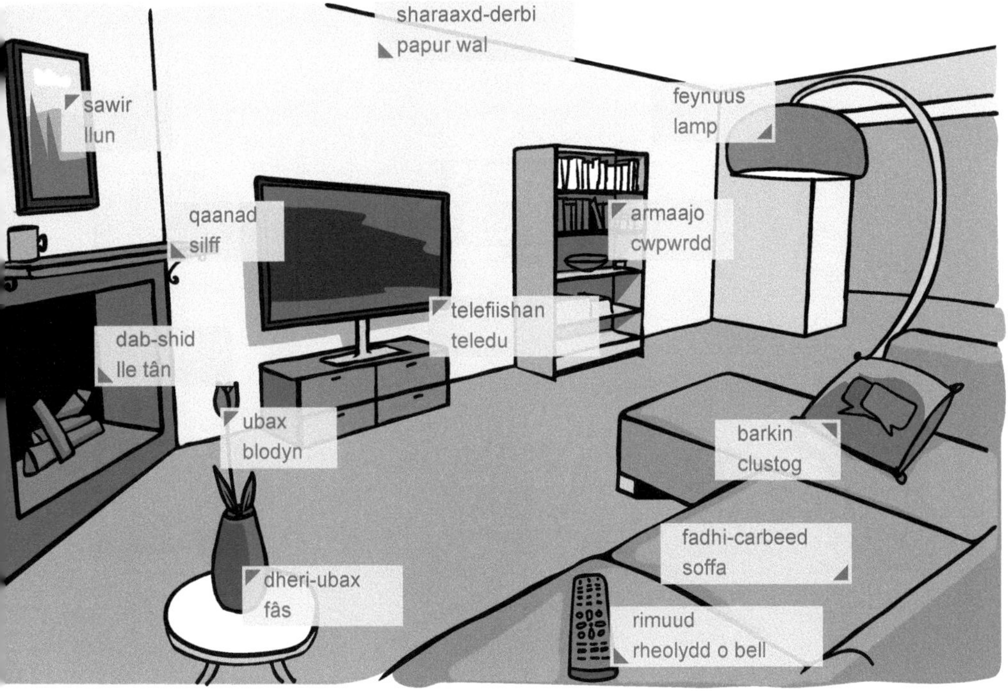

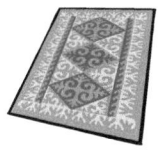

roog

carped

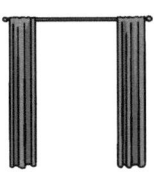

daah

llen

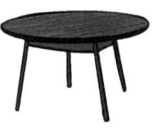

miis

bwrdd

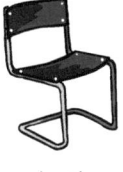

kursi

cadair

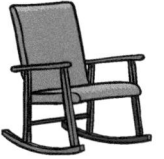

kursi wareega

cadair siglo

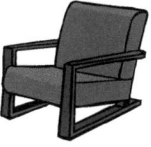

kursi fadhi

cadair freichiau

buug

llyfr

buste

blanced

qurxin

addurn

xaabo

coed tân

filin

ffilm

cod-baahiye

hi-fi

fure

agoriad

wargeys

papur newydd

rinjiyeyn

darlun

tabeelo

poster

raadiye

radio

xusuus-qor

llyfr nodiadau

huufar

hwfer

tiitiin

cactws

shumac

cannwyll

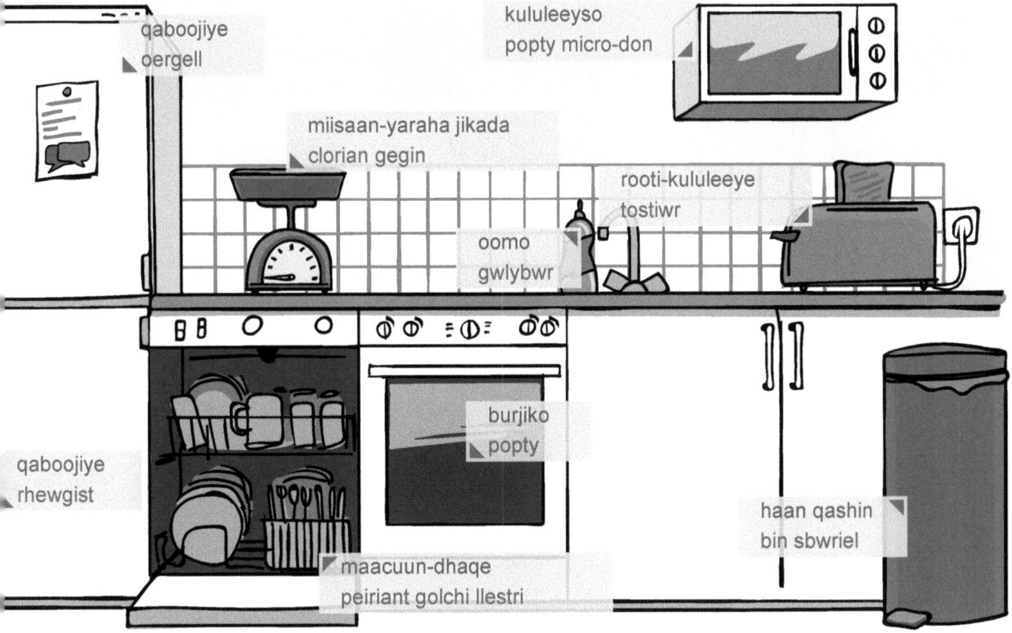

qaboojiye
oergell

kululeeyso
popty micro-don

miisaan-yaraha jikada
clorian gegin

rooti-kululeeye
tostiwr

oomo
gwlybwr

qaboojiye
rhewgist

burjiko
popty

haan qashin
bin sbwriel

maacuun-dhaqe
peiriant golchi llestri

kuuker

popty

dheri

pot

birtaawo

pot haearn bwrw

birtaawo

wok / kadai

birtaawo

padell

kirli

tegell

uumiye

sosban stemio

saxaarad dubista

hambwrdd pobi

maacuun

llestri

bakeeri

mwg

baaquli

powlen

qoryo wax lagu cuno

gweill bwyta

malqacad

lletwad

qaado

ysbodol

folow

chwisg

miire

hidlydd

shashaq

gogr

qudaar-jare

gratiwr

mooye

morter

hilib-sol

barbeciw

dab

tân agored

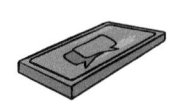

alwaaxa wax-jar-jarka

bwrdd torri cig

ul jabaati

rholbren

guf-saare

tynnwr corcyn

gasac

tun

gasac-fure

peth agor tuniau

istaraasho-jiko

clwt pot

saxanka-alaab-dhaqa

sinc

caday

brws

isbuunyo

sbwng

shiide

peiriant cymysgu

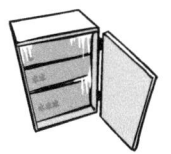

qaabojin qoto-dheer

rhewgell

masaasad

potel babi

tuubbo

tap

musqul-qubeys
ystafell ymolchi

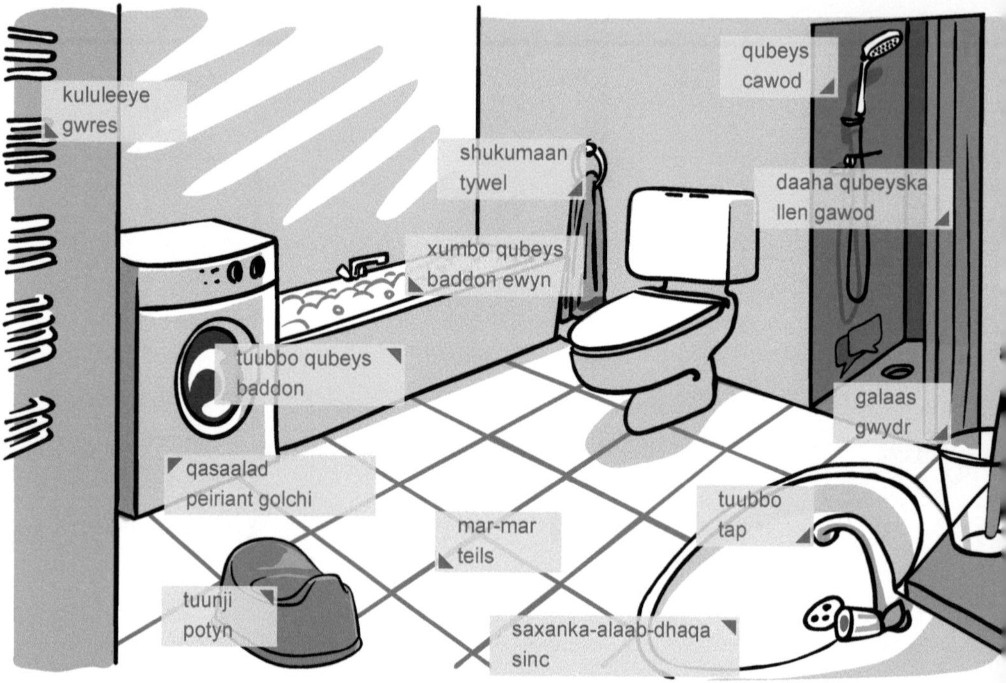

kululeeye
gwres
qubeys
cawod
shukumaan
tywel
daaha qubeyska
llen gawod
xumbo qubeys
baddon ewyn
tuubbo qubeys
baddon
galaas
gwydr
qasaalad
peiriant golchi
tuubbo
tap
mar-mar
teils
tuunji
potyn
saxanka-alaab-dhaqa
sinc

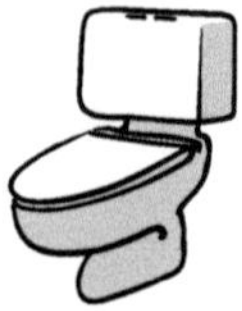

musqul
tŷ bach

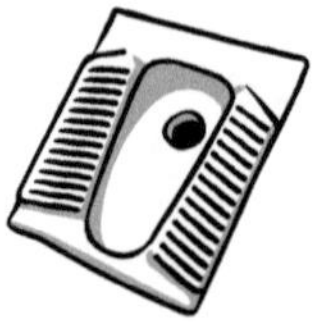

musqusha fadhiga
toiled cyrcydu

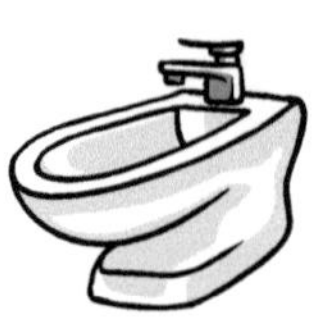

siin
bidet

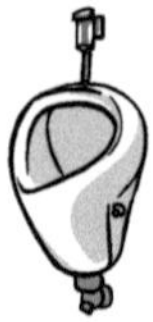

weel kaadi
troethfa

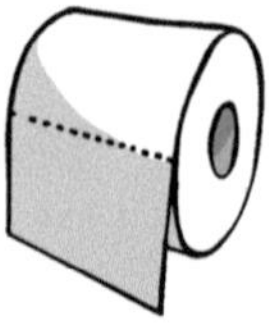

tiish musqul
papur tŷ bach

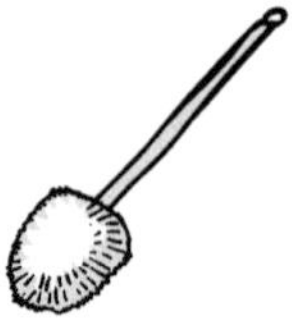

burushka musqusha
brws tŷ bach

caday

brws dannedd

daawo caday

past dannedd

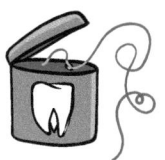

dunta ilka farashada

edau ddannedd

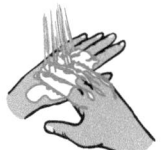

dhaq

golchi

gacan qubeys

cawod llaw

tuubo-musqul

golchfa

beeshin

basn

burush-qubeys

brws-ôl

saabuun

sebon

shaambo

gel cawod

shaambo

siampŵ

cago-saar

gwlanen

biyo-saare

ffos

kareem

hufen

carfiso

diaroglydd

muraayad
drych

muraayad gacmeed
drych llaw

sakiin
rasel

xumbada xiirashada
ewyn eillio

daawo gar-xiir
sent eillio

shanlo
crib

burush
brws

fooneeye
sychwr gwallt

timo-buufis
chwistrell gwallt

waji-qurxiye
colur

rooseeto
minlliw

cidiyo-nadiifiye
farnais ewinedd

dun
gwlân cotwm

cidiyo-jar
siswrn ewinedd

baarafuun
persawr

boorso-wajidhaq

bag ymolchi

saxaro

stôl

miisaan culays

clorian

dhar-qubeys

gŵn baddon

gacma gashi cinjir

menig rwber

tambooni

tampon

tiimshe

tywel misglwyf

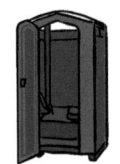

musqul kiimiko

toiled cemegol

qolka ilmaha

ystafell plentyn

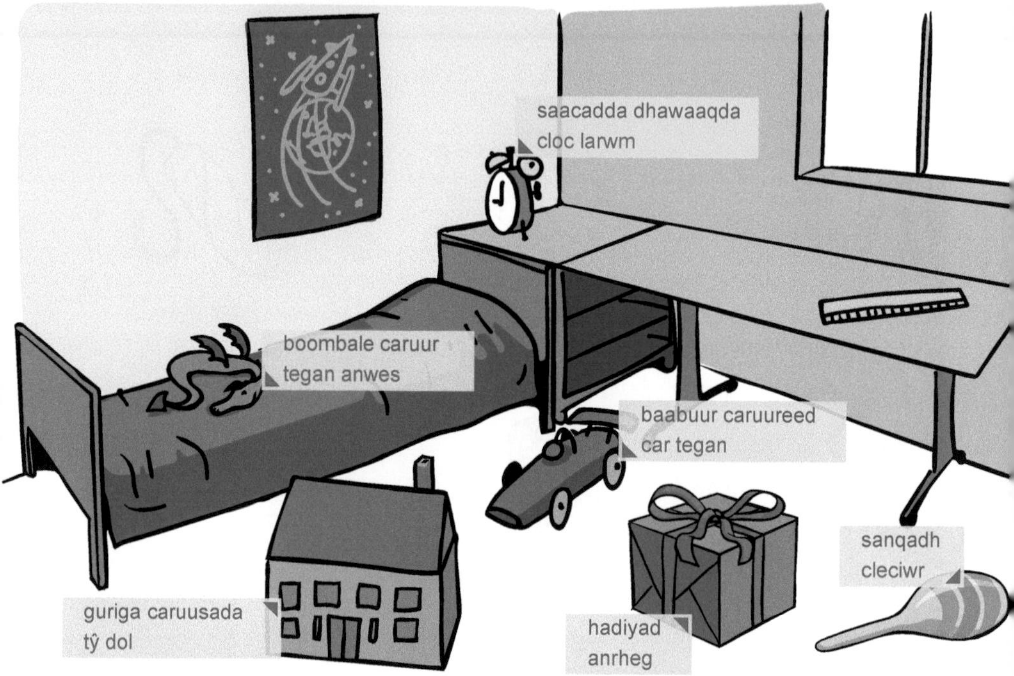
saacadda dhawaaqda
cloc larwm
boombale caruur
tegan anwes
baabuur caruureed
car tegan
sanqadh
cleciwr
guriga caruusada
tŷ dol
hadiyad
anrheg

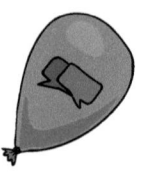

buufin

balŵn

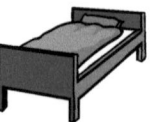

sariir

gwely

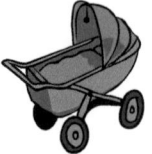

gaariga caruurta

pram

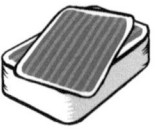

turub

pecyn o gardiau

miinshaar

jig-so

SUPER
MEGA

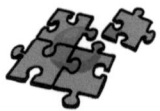

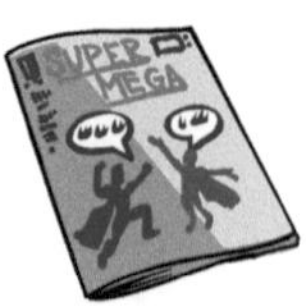

maad

comic

bulkeeti boombale ah

brics Lego

tooy

blociau adeiladu

sanam

ffigur gweithredu

isku-jooga dhallaanka

babygro

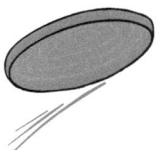

aalad cayaar

ffrisbi

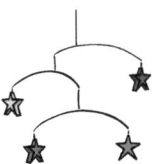

moobaayl

ffôn symudol

khamaar

gêm fwrdd

laadhuu

deis

moodo tareen

set model trên

boombale

teth lwgu

xaflad

parti

buug sawirro

llyfr lluniau

kubbad

pêl

boombale

dol

cayaar

chwarae

dhoobo-dhoobeey

pwll tywod

wiifoow

swing

alaab-alaabeey

teganau

geemka gacanta laga hago

consol gemau fideo

baaskiil

beic tair olwyn

boombale

tedi

armaajo dhar

cwpwrdd dillad

dhar

dillad

sigisaan

hosanau

sigsaan haween

hosanau

surwaal-dhuuqsan

teits

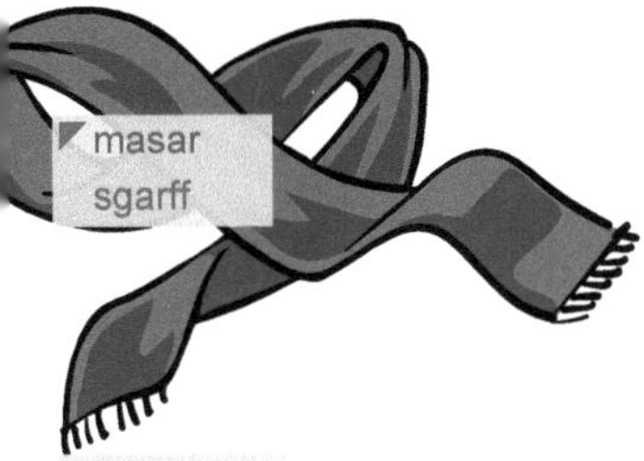

masar
sgarff

dallad
ymbarél

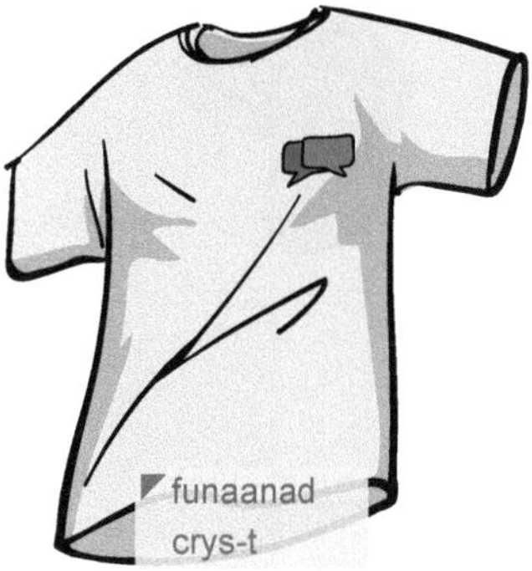

funaanad
crys-t

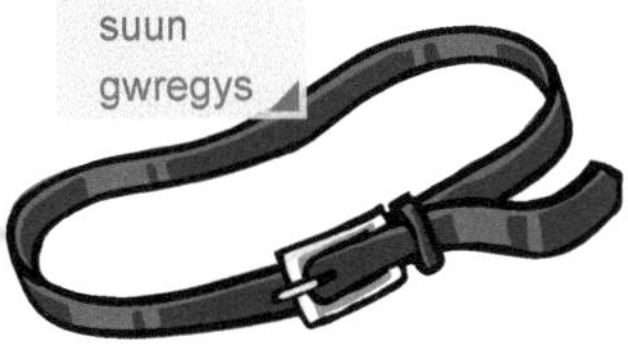

suun
gwregys

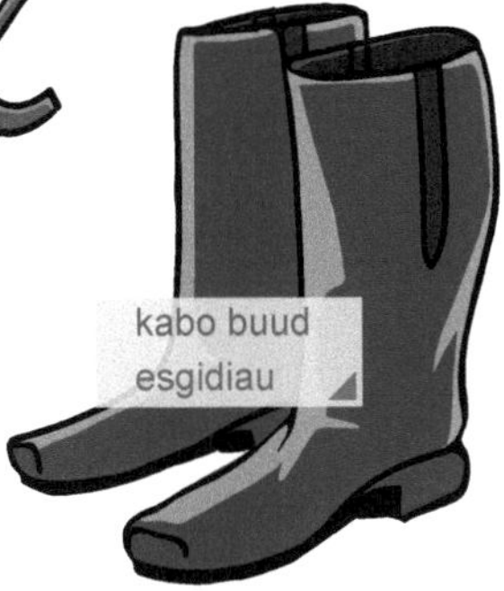

kabo buud
esgidiau

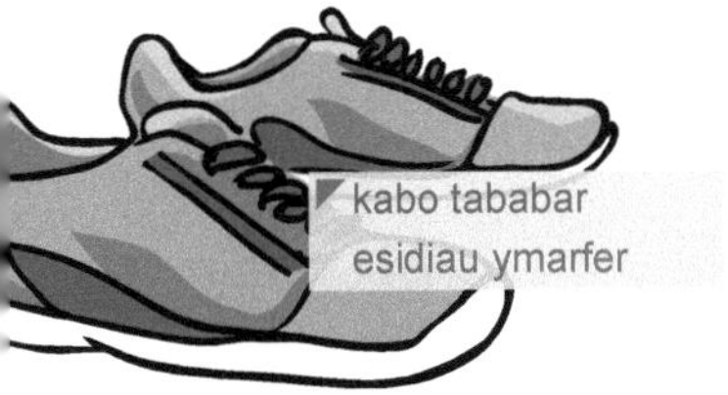

dacas
sliperi

kabo tababar
esidiau ymarfer

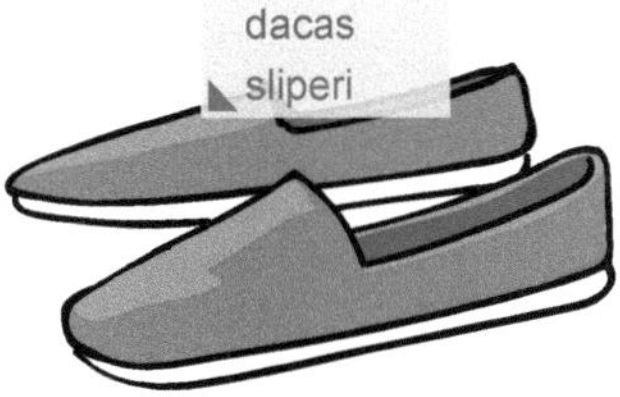

saandalo
sandalau

kabo
esgidiau

kabo roob
esgidiau rwber

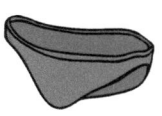

hoos-gashi
trôns

rajabeeto
bra

garan
fest

jir
corff

surwaal
trowsus

surwaal jeenis
jîns

goono
sgert

canbuur
blows

shaati
crys

funaanad-dhaxameed
pwlofer

garan dhaxameed
hwdi

jaakad fudud
blaser

jaakad
siaced

koodh
côt

koodhka roobka
côt law

dhar-munaasabadeed
gwisg

labbis
gŵn

lebbis aroos
gwisg briodas

suut

siwt

dhar-hurdo

gŵn nos

bajaamo

pyjamas

saari

sari

masar

sgarff pen

cimaamad

tyrban

cabaayad

bwrca

saako

cafftan

cabaayad

abaya

dharka-dabaasha

gwisg nofio

dabo-gaabyo

trowsus nofio

surwaal-dabagaab

siorts

taraak-suut

tracwisg

dufan-dhowr

ffedog

gacmo gashi

menig

galluus

botwm

ookiyaale

sbectol

jijin

breichled

silis

cadwyn

faraati

modrwy

dhego dhego

clustdlws

koofiyo

cap

katabaan

cambren

koofiyad

het

garabaati

tei

jiinyeer

sip

helmed

helmed

ilko-reeb

fframiau danedd

direes dugsi

gwisg ysgol

direes

gwisg

cayo-dhowr
bib

boombale
teth lwgu

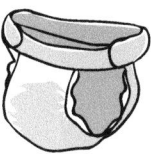

maro-dufeed
cewyn

xafiis
swyddfa

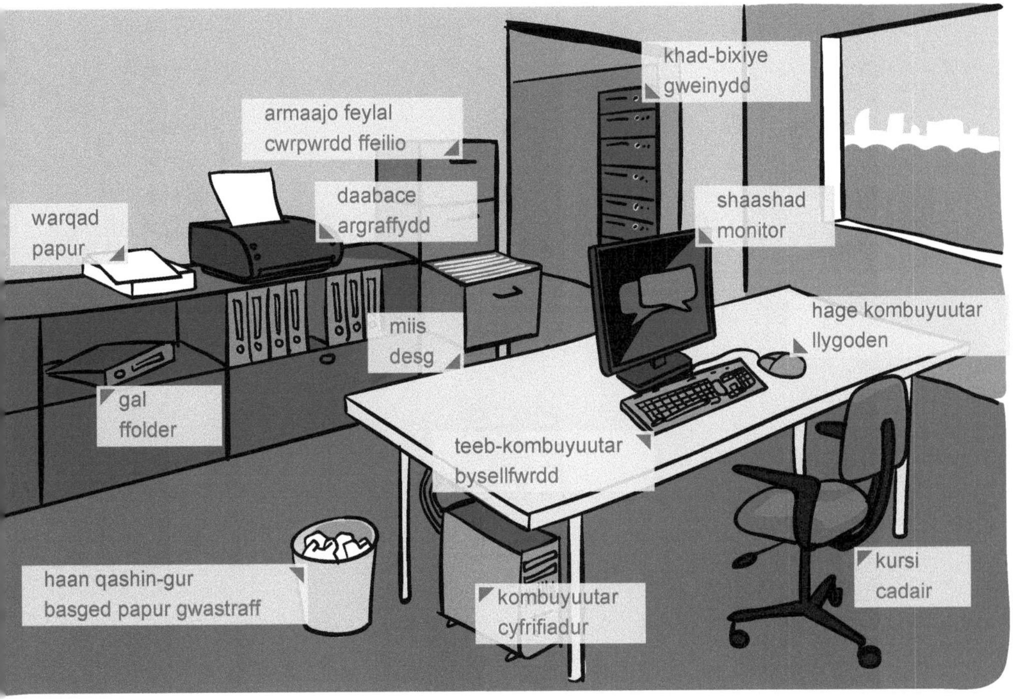

khad-bixiye
gweinydd

armaajo feylal
cwrpwrdd ffeilio

daabace
argraffydd

shaashad
monitor

warqad
papur

miis
desg

hage kombuyuutar
llygoden

gal
ffolder

teeb-kombuyuutar
bysellfwrdd

haan qashin-gur
basged papur gwastraff

kombuyuutar
cyfrifiadur

kursi
cadair

koob kafee
mwg coffi

kalkuleytar/xisaabiye
cyfrifiannell

internet
rhyngrwyd

laabtoob
gliniadur

bakhshad
llythyr

fariin
neges

moobaayl
ffôn symudol

shabakad-kombuyuutar
rhwydwaith

footokoobi
llungopïwr

barnaamij-kombuyuutar
meddalwedd

telefoon
teleffon

god koronto
soced plwg

mishiinkan fax-ka
peiriant ffacs

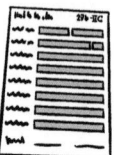

foomka
ffurflen

dokumenti
dogfen

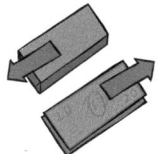

iibso
....
prynu

bixi
....
talu

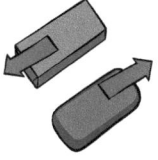

ganacso
....
masnachu

lacag
....
arian

doollar
....
doler

yuuro
....
ewro

yenka jabbaan
....
yen

robolka ruushka
....
rwbl

Franka iswiiska
....
ffranc y Swistir

lacagta shiinaha
....
yuan renminbi

rubiyada hindiga
....
rwpi

maqal
....
peiriant arian

xafiiska sarrifaka lacagaha

swyddfa gyfnewid

dahab

aur

qalin

arian

shidaal

olew

tamar

ynni

qiime

pris

qandaraas

contract

canshuur

treth

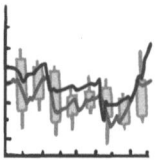

raasumaal

stoc

shaqee

gweithio

shaqaale

cyflogai

shaqaaleysiiye

cyflogwr

warshad

ffatri

dukaan

siop

dhaqaalaha - economi

sarkaal booliis
swyddog heddlu

dab-demiye
diffoddwr tân

cunto-kariye
cogydd

dhakhtar
meddyg

duuliye
peilot

beeralley

garddwr

nijaar

saer

timo-qurxiso

gwniadwraig

qaaddi

barnwr

farmashiiste

fferyllydd

jile

actor

darawal bas

gyrrwr bws

taksiile

gyrrwr tacsi

kalluumeyste

pysgotwr

nadiifiso

glanhawraig

saqaf-dhise

töwr

kabalyeeri

gweinydd

ugaarsade

heliwr

rinjiile

paentiwr

rooti-dube

pobydd

koronto-yaqaan

trydanwr

dhise

adeiladwr

injineer

peiriannydd

kawaanle

cigydd

tuubbiiste

plymiwr

boostaale

dyn y post

askari
milwr

injineer-dhismo
pensaer

qasnaji
ariannwr

ubax-yaqaan
gwerthwr blodau

timo-jare
triniwr gwallt

kiro-uruuriye
archwiliwr tocynnau
rheilffordd

makaanik
mecanydd

kabtan
capten

dhakhtar-ilko
deintydd

saaynisyahan
gwyddonydd

wadaad yahuud
rabi

imaam
imam

xerow
mynach

wadaad
clerigwr

qalab
offer

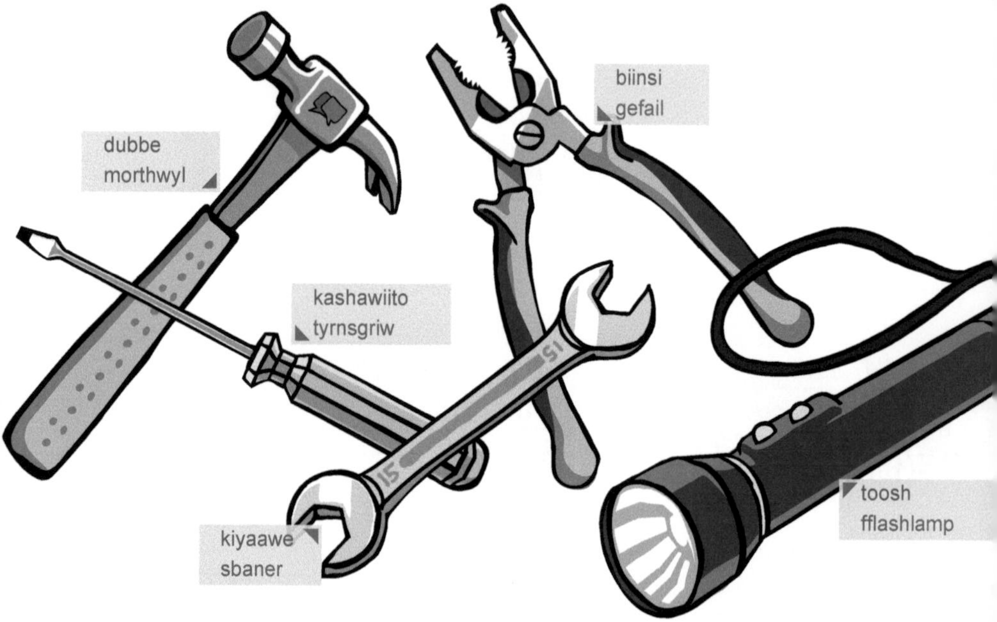
dubbe
morthwyl
biinsi
gefail
kashawiito
tyrnsgriw
kiyaawe
sbaner
toosh
fflashlamp

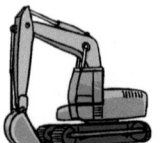

dhul-qoddo
turiwr

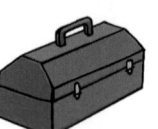

qalab-xajiye
blwch offer

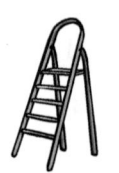

jaraanjaro
ysgol

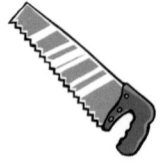

miinshaar
llif

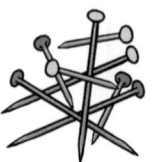

musbaarro
hoelion

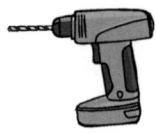

dalooliye
dril

dayactir
....
trwsio

badiil
....
rhaw

inkaar kugu dhacday!
....
Daria!

bus-xaabiye
....
rhaw lwch

gasacad rinji
....
pot paent

boolal
....
sgriwiau

qalab muusiko
offerynnau cerdd

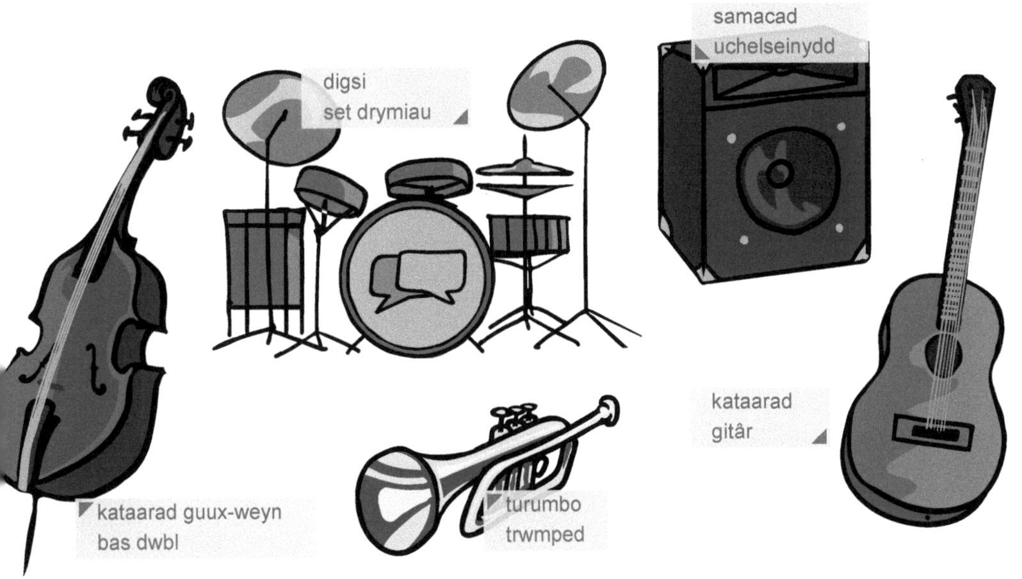

samacad
uchelseinydd

digsi
set drymiau

kataarad
gitâr

kataarad guux-weyn
bas dwbl

turumbo
trwmped

biyaano

piano

fiyooliin

ffidil

karaarad guux-dheer

bas

durbaan-sheegagle

timpani

durbaan

drymiau

loox-xarfeed-biyaano

cyweirfwrdd

turumbo

sacsoffon

siin-baar

ffliwt

makarafoon

meicroffon

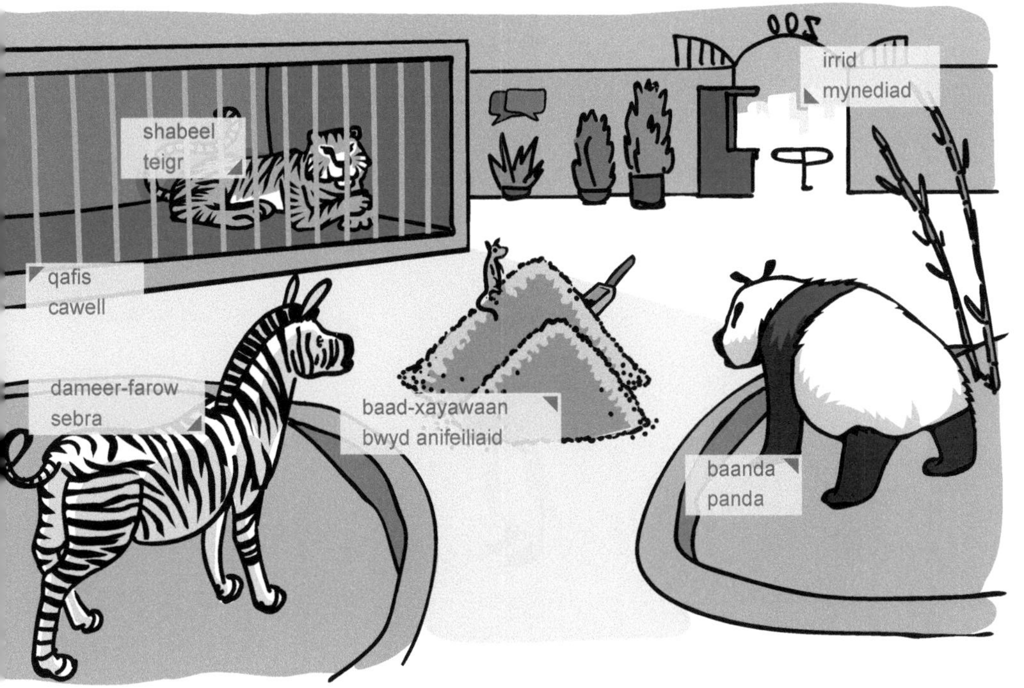

shabeel
teigr

irrid
mynediad

qafis
cawell

dameer-farow
sebra

baad-xayawaan
bwyd anifeiliaid

baanda
panda

xayawaan
anifeiliaid

maroodi
eliffant

kaangaruu
cangarŵ

wiyil
rhinoseros

goriille
gorila

oorso
arth

geel

camel

gorayo

estrys

libaax

llew

daanyeer

mwnci

xiita-luga-dheer

fflamingo

baqbaqaa

parot

oorso baraf-ku-nool

arth wen

shimbir baraf

pengwin

libaax-badeed

siarc

daa'uus

paun

mas

neidr

yaxaas

crocodeil

beer-xayawaan ilaaliye

gofalwr sŵ

bahal kalluun-cun

morlo

shabeel-u-eke

jagwar

dhal faras

merlyn

harmacad

llewpard

jeer

hipo

geri

jiráff

gorgor

eryr

doofaar-jilibeey

baedd

kalluun

pysgodyn

qubo

crwban

maroodi-badeed

walrws

dawaco

llwynog

deero

gafrewig

kubadda-cagta maraykanka
pêl-droed America

tartanka bashkuleetiga
beicio

kubbadda miiska
tennis

kubbadda koleyga
pêl-fasged

dabaal
nofio

hookiga barafka lagu d
hoci iâ

cayaarta feerka
bocsio

kubadda cagta
pêl-droed

baadminton
badminton

ciyaaraha fudud
athletau

kubadda gacanta
pêl-law

iskii/ciyaarta barafka
sgïo

cayaar-faras
polo

hawlo

gweithgareddau

qosol
chwerthin
boodid
neidio
hab-siin
cofleidio
soco
cerdded
hees
canu
riyo
breuddwydio
duceyso
gweddïo
dhunkasho
cusanu

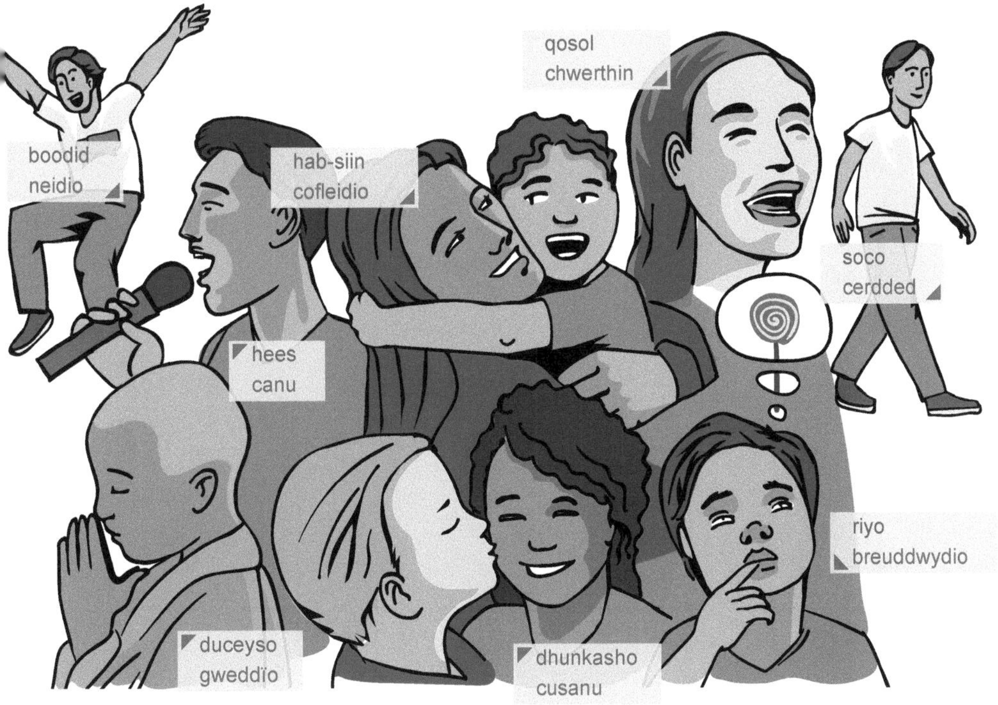

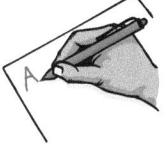

qorraxeed
ysgrifennu

masawirid
tynnu

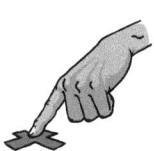

muuji
dangos

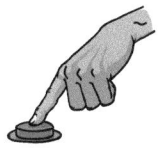

riix
gwthio

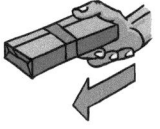

sii
rhoi

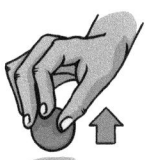

qaado
cymryd

haysasho

bod gan

samee

gwneud

ahaansho

bod

istaag

sefyll

orod

rhedeg

jiid

tynnu

tuur

taflu

dhicid

disgyn

been-sheegid

gorwedd

sug

aros

qaad

cario

fariiso

eistedd

labiso

gwisgo amdanoch

seexo

cysgu

toos

deffro

fiiri

edrych ar

ooy

crïo

dhuftay

anwesu

shanleyso

cribo

hadal

siarad

faham

deall

weydii

gofyn

dhageysasho

gwrando

cab

yfed

cun

bwyta

habee

tacluso

jacayl

caru

kari

coginio

kaxee

gyrru

duulid

hedfan

shiraaco

hwylio

xisaabi

cyfrifo

akhri

darllen

barasho

dysgu

shaqee

gweithio

guurso

priodi

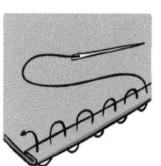

tol

gwnïo

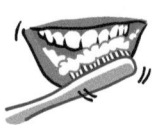

cadayso

brwsio dannedd

dilid

lladd

sigaar cab

ysmygu

dir

anfon

ayeeyo
nain

awoowe
taid

aabbe
tad

hooyo
mam

ilmo
baban

gabar
merch

wiil
mab

marti
gwestai

eeddo
modryb

adeer
ewythr

walaal rag
brawd

walaal dumar
chwaer

jir
corff

fool
talcen
il
llygad
garab
ysgwydd
far
bys
weji
wyneb
gar
gên
gacan
llaw
naas
bron
lug
coes
cudud
braich

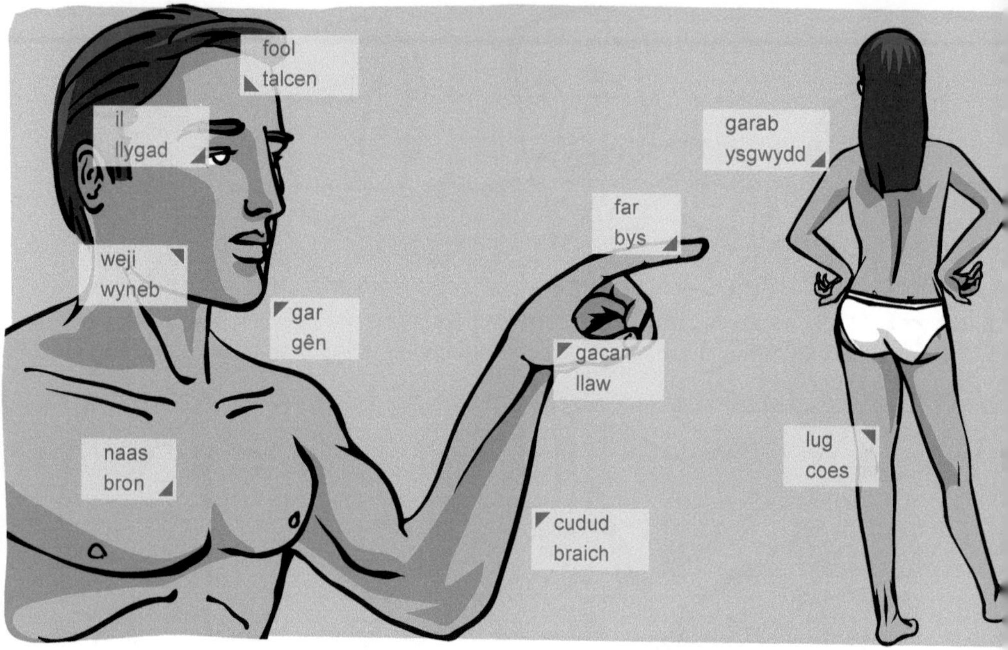

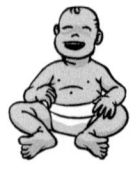

ilmo

baban

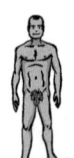

nin

dyn

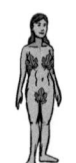

naag

gwraig

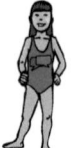

gabar

geneth

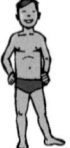

wiil

bachgen

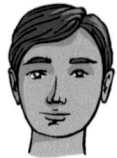

madax

pen

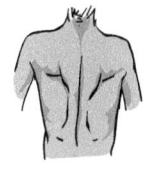

dhabar
cefn

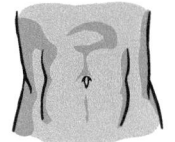

calool
bel

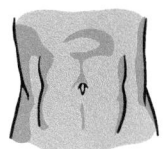

xuddun
bogail

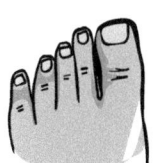

suul
bys troed

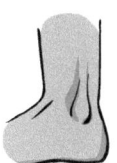

cirib
sawdl

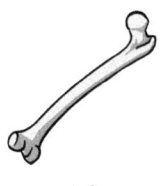

laf
asgwrn

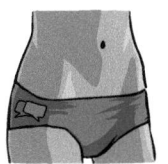

sin
clun

jilib
pen-glin

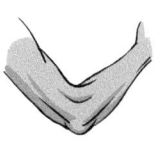

xusul
penelin

san
trwyn

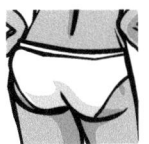

bari
pen ôl

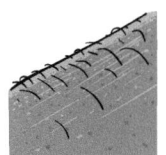

maqaar
croen

dhafoor
boch

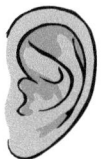

dheg
clust

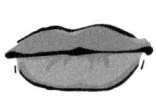

bishin
gwefus

af
....
ceg

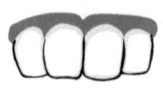

ilig
....
dant

carrab
....
tafod

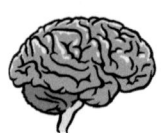

maskax
....
ymennydd

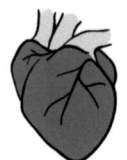

wadno
....
calon

muruq
....
cyhyr

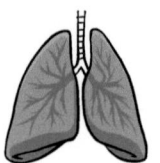

sambab
....
ysgyfaint

beer
....
iau

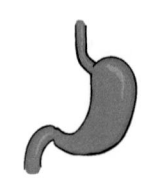

uur kujirta caloosha
....
stumog

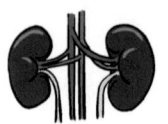

kelyo
....
arennau

galmo
....
rhyw

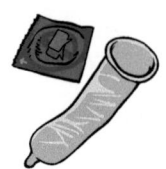

cinjir-galmo
....
condom

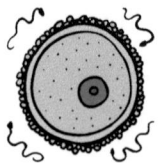

ugxan
....
ofwm

shahwo
....
semen

uur
....
beichiogrwydd

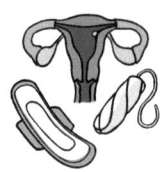

caado
mislif

siil
fagina

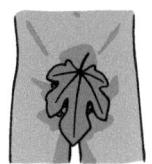

gus
pidyn

suni
ael

timo
gwallt

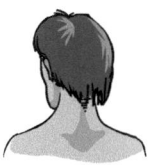

qoor
gwddf

isbitaal

ysbyty

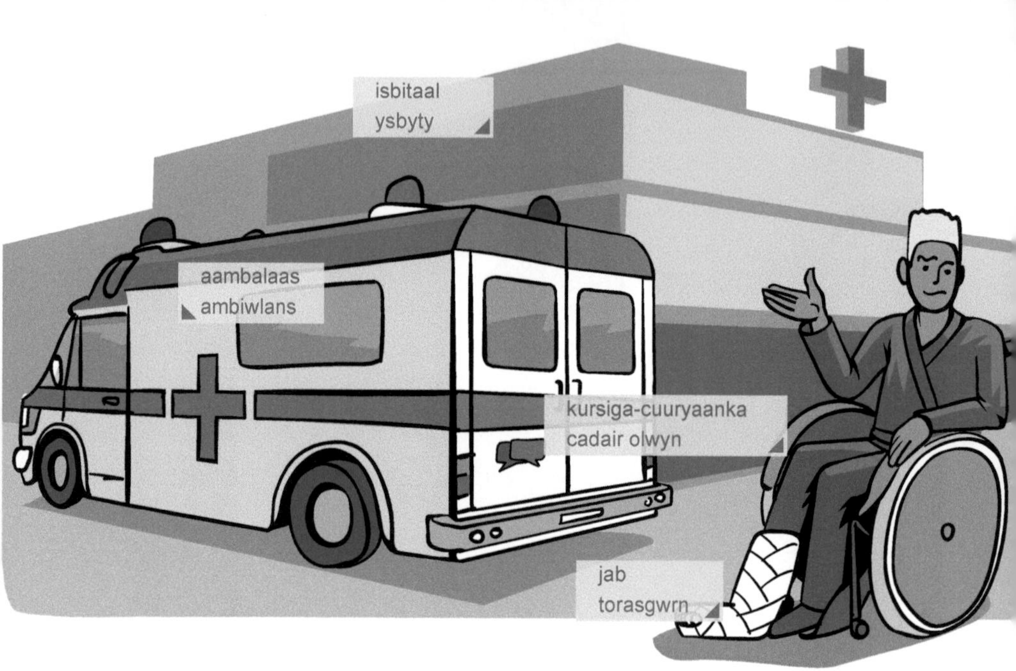

isbitaal
ysbyty
aambalaas
ambiwlans
kursiga-cuuryaanka
cadair olwyn
jab
torasgwrn

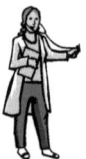

dhakhtar

meddyg

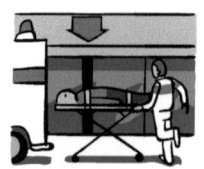

qolka xaaladaha-degdega ah

ystafell argyfwng

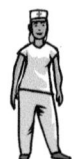

kalkaaliye

nyrs

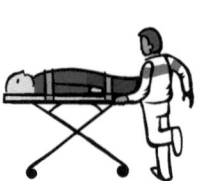

xaalad deg-deg ah

argyfwng

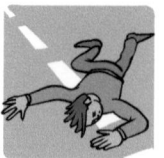

miyir-beelsan

anymwybodol

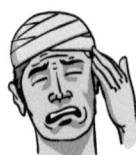

xanuun

poen

dhaawac

anaf

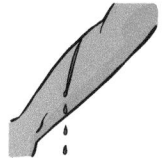

dhiig-bax

gwaedu

wadno-xanuun

trawiad ar y galon

qallal

strôc

xasaasiyad

alergedd

qufac

peswch

qandho

twymyn

hargab

ffliw

shuban

dolur rhydd

madax-xanuun

cur pen

kansar

canser

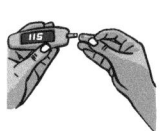

cudurka sokoroow

diabetes

dhakhtarka-qalliinka

llawfeddyg

mindida qalliinka

fflaim

qalliin

gweithrediad

iskaan
CT

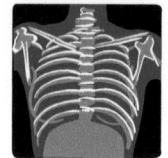

raajo
pelydr-x

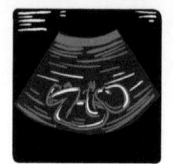

dhawaaq-xawaareed
uwchsain

maaskaro
mwgwd wyneb

cudur sokoroow
clefyd

qolka sugitaanka
ystafell aros

ul lagu boodo
bagl

kab
plastr

faashato
rhwymyn

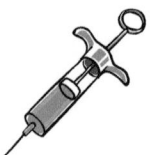

duris
pigiad

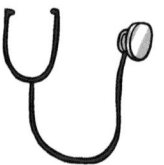

wadne-dhegeyeste
stethosgop

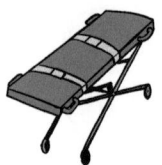

balankiino
elorwely

heer-kul-beega qandhada
thermomedr clinigol

dhalasho
genedigaeth

aad-u-cayilan
dros bwysau

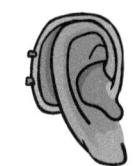

maqal-caawiye
cymorth clyw

jeermis-dile
diheintydd

caabuq
haint

feyras
firws

AYDHIS/HIV
HIV / AIDS

daawo
meddygaeth

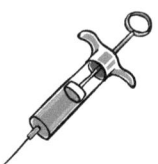

tallaal
brechiad

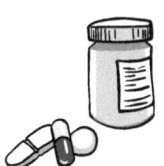

kaniiniyo
tabledi

kaniin
y bilsen

wicitaan deg-deg ah
galwad frys

cabbiraha dhiig-karka
monitor pwysau gwaed

xanuunsan / caafimaadsan
yn sâl / yn iach

i caawiya!

Help!

sawaxan

larwm

weerar-kadisa ah

ymosodiad

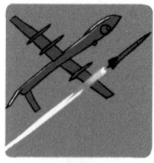

weerar

ymosodiad

khatar

perygl

irridda bixida xaalad-deg-deg

allanfa argyfwng

dab!

Tân!

dab demiye

diffoddwr tân

shil

damwain

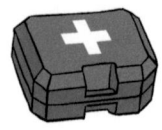

saduuqa xaalada-degdega ah

pecyn cymorth cyntaf

codsi badbaado

SOS

booliis

heddlu

Yurub

Ewrop

woqooyiga ameerika

Gogledd America

koonfurta ameerika

De America

Afrika

Affrica

Aasiya

Asia

Oostareeliya

Awstralia

Atlaantik

Iwerydd

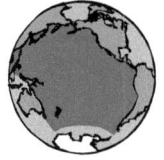

Pacific

y Môr Tawel

Bad-waynta hindiya

Cefnfor yr India

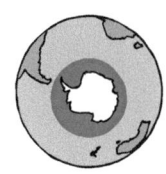

Bad-waynta antarctica

Cefnfor yr Antarctig

Bad-waynta arctic

Cefnfor yr Arctig

cirifka waqooyi

Pegwn y Gogledd

cirifka koonfureed

Pegwn y De

Antarctica

Antarctica

dhul

y Ddaear

dhul

tir

bad

môr

jasiirad

ynys

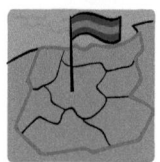

waddan

cenedl

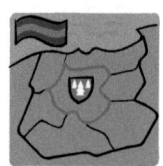

gobol

gwladwriaeth

wajiga saacadda

wyneb cloc

gacanka saacada

bys awr

gacanka daqiiqada

bys munud

gacanka ilbiriqsiga

bys eiliad

waa intee saac?

Faint o'r gloch yw hi?

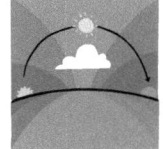

maalin

dydd

wakhti

amser

hadda

yn awr

saacadda jiifarrada

cloc digidol

daqiiqad

munud

saacad

awr

toddobaad
wythnos

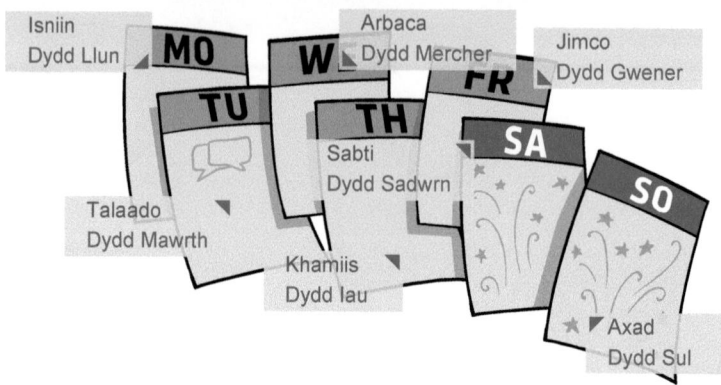

Isniin
Dydd Llun

MO

W Arbaca
Dydd Mercher

Jimco
Dydd Gwener

TU

TH

FR

Sabti
Dydd Sadwrn

SA

SO

Talaado
Dydd Mawrth

Khamiis
Dydd Iau

Axad
Dydd Sul

shalay
....
ddoe

maanta
....
heddiw

berri
....
yfory

subax
....
bore

duhur
....
canol dydd

casir
....
noswaith

MO	TU	WE	TH	FR	SA	SU
1	2	3	4	5	6	7
8	9	10	11	12	13	14
15	16	17	18	19	20	21
22	23	24	25	26	27	28
29	30	31	1	2	3	4

maalmaha shaqo
....
diwrnodiau busnes

MO	TU	WE	TH	FR	SA	SU
1	2	3	4	5	6	7
8	9	10	11	12	13	14
15	16	17	18	19	20	21
22	23	24	25	26	27	28
29	30	31	1	2	3	4

dabayaaqada usbuuca
....
penwythnos

sanad
blwyddyn

roob
glaw
qaanso-roobaad
enfys
roob-baraf
eira
dabayl
gwynt
gu'
gwanwyn
deyr
hydref
xagaa
haf
jiilaal
gaeaf

4.APRIL 11°
5.APRIL 4°
6.APRIL 13°
7.APRIL 8°
8.APRIL 10°

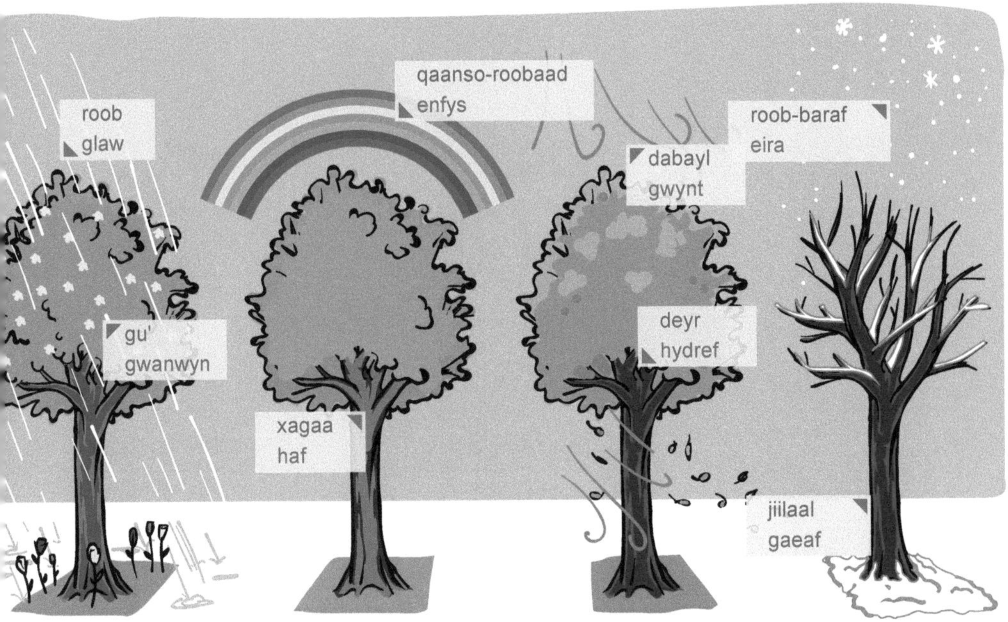

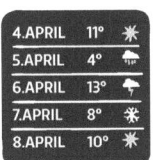

saadaal hawo

rhagolygon y tywydd

F C
120 40
90 30
60 20
30 10
0 0
-30 -10
-20

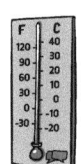

heer-kul baare

thermomedr

qorraxeed

heulwen

daruur

cwmwl

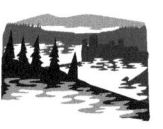

ceeryaamo

niwl tew

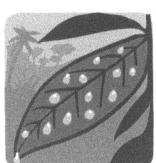

huur

lleithder

jac
....
mellt

onkod
....
taranau

duufaan
....
storm

roob-baraf
....
cenllysg

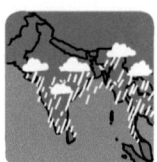

maansuun
....
monsŵn

daad
....
llif

baraf
....
iâ

Jannaayo
....
Ionawr

Febraayo
....
Chwefror

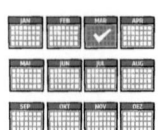

Maarso
....
Mawrth

Abriil
....
Ebrill

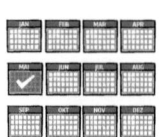

Mey
....
Mai

Juun
....
Mehefin

Luulyo
....
Gorffennaf

Agoosto
....
Awst

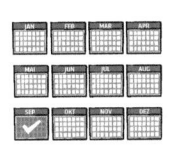

Sebteember
Medi

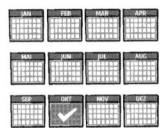

Oktoobar
Hydref

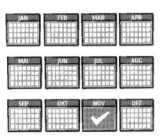

Nofeember
Tachwedd

Diseember
Rhagfyr

goobaabo
cylch

afar-gees
sgwâr

leydi
petryal

saddex-xagal
triongl

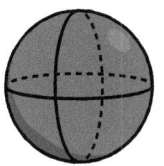

wareeg
sffêr

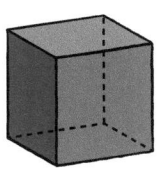

bokis
ciwb

caddaan

gwyn

hurdi

melyn

oranji

oren

guduud-khafiif

pinc

casaan

coch

carwaajis

porffor

bluug

glas

cagaar

gwyrdd

boroon

brown

cawl

llwyd

madow

du

badan / yar

llawer / ychydig

caro / daganaan

dig / tawel

qurxoon / foolxun

hardd / hyll

billow / dhammaad

dechrau / diwedd

yar / weyn

mawr / bach

iftiin / mugdi

llachar / tywyll

walaalkaa / walaashaa

brawd / chwaer

nadiif / wasakhaysan

glân / budr

buuxa / dhantaalan

gyflawn / anghyflawn

maalin / habeen

dydd / nos

dhintay / nool

farw / yn fyw

ballaaran / ciriiri ah

eang / cul

la cuni karo / aan la cuni karin

bwytadwy / anfwytadwy

arxan-daran / naxariis-badan

drwg / caredig

faraxsan / caajisan

llawn cyffro / diflasu

buuran / caateysan

tew / tenau

ugu horeeya / ugu dambeeya

cyntaf / olaf

saaxiib / cadaw

cyfaill / gelyn

maran / buuxa.

llawn / gwag

adag / jilicsan

caled / meddal

culus / fudud

trwm / ysgafn

gaajo / oon

wedi newynnu / yn sychedig

xanuunsan / caafimaadsan

yn sâl / yn iach

sharci-darro / sharci

anghyfreithlon / cyfreithiol

caaqil / dabbaal

deallus / twp

bidix / midig

chwith / dde

dhow / fog

agos / pell

cusub / duug
wydd / wedi'i ddefnyddio

waxba / wax
dim / rhywbeth

da' / dhalinyar
hen / ifanc

daaris / damin
ymlaen / i ffwrdd

furan / xiran
ar agor / ar gau

aamusnaan / cod-dheer
tawel / uchel

taajir / sabool
cyfoethog / tlawd

sax / khalad
cywir / anghywir

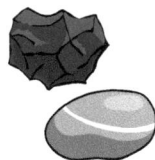

jilif leh / sabiibax
garw / llyfn

murugsan / faraxsan
trist / hapus

gaaban / dheer
byr / hir

tartiib / dhaqsi
araf / cyflym

qoyaan / qalleyl
gwlyb / sych

qandac / qabow
cynnes / claear

dagaal / nabad
rhyfel / heddwch

0

eber

sero

1

kow

un

2

laba

dau

3

saddex

tri

4

afar

pedwar

5

shan

pump

6

lix

chwech

7

toddoba

saith

8

sideed

wyth

9

sagaal

naw

10

toban

deg

11

kow iyo toban

un deg un

12
laba iyo toban

un deg dau

13
sadex iyo toban

un deg tri

14
afar iyo toban

un deg pedwar

15
shan iyo toban

un deg pump

16
lix iyo toban

un deg chwech

17
todoba iyo toban

un deg saith

18
sideed iyo toban

un deg wyth

19
sagaal iyo toban

un deg naw

20
labaatan

dau ddeg

100
boqol

cant

1.000
kun

mil

1.000.000
malyuun

miliwn

Af ingiriis

Saesneg

Ingiriiska Mareykanka

Saesneg America

Mandariinka Shiinaha

Tsieinëeg Mandarin

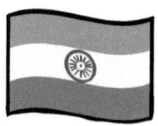

Hindi

Hindi

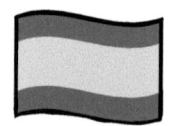

Boortaqiis

Sbaeneg

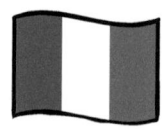

Faransiis

Ffrangeg

Carabi

Arabeg

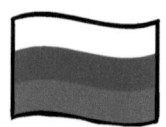

Ruush

Rwseg

Boortaqiis

Portiwgaleg

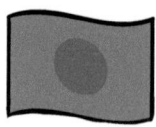

Bengaali

Bengali

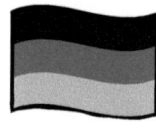

Jarmal

Almaeneg

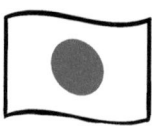

Jabaaniis

Siapanaeg

aniga

fi

adiga

ti

asaga / ayada

ef / hi

annaga

ni

idinka

chi

ayaga

nhw

kee?

pwy?

maxay?

beth?

sidee?

sut?

xagee?

ble?

goorma?

pryd?

magac

enw

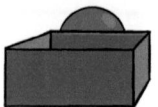

gadaal

y tu ôl i

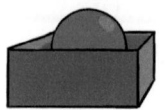

gudaha

yn / yng / ym / mewn

horta

o flaen

ka sare

dros

dusha

ar

ka hooseeya

dan

dhinac

wrth ochr

u dhexeeya

rhwng

meel

lle